LES

EUPHÉMISMES
DU DUEL

PAR PONS-LAMBERT.

La manière dont l'opinion a longtemps
accueilli le duel est peut-être l'un des exemples les plus remarquables du trouble que
l'abus de l'euphémisme peut porter dans le
jugement des hommes.

PARIS.
L. MAISON, LIBRAIRE-ÉDITEUR
Rue Christine, 3.
ET TOUS LES MARCHANDS DE NOUVEAUTÉS

1846

PARIS. — IMPRIMERIE DE FAIN ET THUNOT,
Rue Racine, 28, près de l'Odéon.

LES

EUPHÉMISMES

DU DUEL

PAR PONS-LAMBERT.

> La manière dont l'opinion a longtemps
> accueilli le duel est peut-être l'un des exem-
> ples les plus remarquables du trouble que
> l'abus de l'euphémisme peut porter dans le
> jugement des hommes.

PARIS.

L. MAISON, LIBRAIRE-ÉDITEUR,

Rue Christine, 3.

ET TOUS LES MARCHANDS DE NOUVEAUTÉS.

1846

Les plus mauvaises coutumes sont d'une
nature opiniâtre; c'est pourquoi, lors même
que de rudes atteintes en ont affaibli l'empire, il est toujours utile de les combattre
jusqu'à ce que la raison en ait complétement
triomphé. Quoique le duel ait été attaqué
par de très-redoutables adversaires, par des
moralistes de talent et même de génie, il
ne s'ensuit donc pas qu'il faille s'abstenir

désormais de tout nouveau règlement de compte avec cet hôte barbare dont la civilisation n'est pas encore parvenue à se débarrasser. Les attaques qu'il a subies jusqu'ici ont toutes, en effet, obtenu des résultats; elles ont toutes plus ou moins contribué à la baisse de son crédit; la pensée de ce plaidoyer contre le duel servira aussi, je l'espère, la cause de l'humanité.

EUPHÉMISMES

DU DUEL.

———◆———

De bons esprits, parmi les anciens écrivains
principalement, ont fait, à des points de vue
divers, un usage très-circonspect de la figure
qui consiste à déguiser la dureté, la tristesse ou
l'odieux du fond par la modification de la forme.
Quintilien s'en abstenait même complétement
et lui préférait la réticence. L'euphémisme,
dans la sphère de quelques-unes de ses attri-

butions, soit qu'il couvre du voile de la fiction
une pensée de nature à blesser la pudeur, soit
qu'il cherche à adoucir l'effet d'un refus, l'a-
mertume d'un reproche, soit qu'il essaye d'atténuer le déplaisir d'une fâcheuse nouvelle, a
pourtant son prix et ses délicatesses. Mais quel
parti funeste aux bonnes mœurs les mauvaises
peuvent tirer de ses déviations, de ses écarts,
de ses subtilités ! avec quel art perfide l'euphémisme sait présenter ce qui mérite d'inspirer
du dégoût ou de l'aversion aux honnêtes gens
sous une forme capable d'affaiblir ces sentiments de répulsion, de les effacer ou de les
convertir en sentiments approbateurs ! et quelle
vive répugnance ne doit-on pas éprouver pour
cet artifice du langage, lorsque, visant à donner
le change à l'opinion, il applique certains mots
menteurs à des choses dont les noms véritables
éveilleraient des idées diamétralement opposées
à celles qu'il veut faire prévaloir ; lorsqu'il

s'efforce de rendre tolérable, parfois même de mettre à la mode quelque vice, quelque mauvaise passion ; lorsqu'il cherche à rendre odieux ce qui est honorable et honorable ce qui est odieux ; lorsque enfin il tend à pervertir le plus beau des attributs de l'espèce humaine, la raison !

I.

La manière dont l'opinion a longtemps accueilli le duel, est peut-être l'un des exemples les plus remarquables du trouble que l'abus de l'euphémisme peut porter dans le jugement des hommes.

Dès les temps reculés où l'usage du duel, venu du Nord, passa de l'Allemagne chez nous et successivement dans le reste de l'Europe, les euphémismes commencèrent à s'introduire dans le langage des duellistes. C'est ainsi que dans la permission du juge, qui était, je crois, la première formalité à remplir avant de se battre, on déclarait qu'*il échéait gage*, pour ne pas dire qu'il y avait lieu pour deux adversaires d'en venir aux mains, de recourir à la voie des armes. C'est ainsi qu'on se servait des mots *combat à outrance*, pour éviter de dire combat à mort. C'est ainsi encore qu'on appelait *parrains* les impassibles témoins de ces luttes barbares.

Mais le plus curieux de tous ces subterfuges de rhétorique, le plus étrange par sa stupide impiété, dans des siècles soi-disant si religieux, est sans contredit celui au moyen duquel on parvint à faire considérer l'épreuve du duel comme le jugement de Dieu. Oui, chose à peine croyable de nos jours, un odieux combat dans lequel le champion le moins adroit se trouvait forcément à la merci du plus habile, où le plus faible succombait presque toujours sous les coups du plus fort, où il arrivait que le débiteur tuait son créancier, que la calomnie, le viol, le meurtre, l'empoisonnement étaient absous par la victoire, tout cela s'appela le jugement de Dieu !

Et telle est l'influence des mots sur l'appréciation des choses, que les rois ainsi que les chefs de l'Église approuvèrent longtemps les duels, et que plusieurs ecclésiastiques se soumirent eux-mêmes à ces abominables épreuves.

Pour l'honneur de la dignité humaine, si gravement compromis par cette coutume, il n'y a pas deux manières d'expliquer le scandaleux succès qu'elle obtint. Si les détails concernant le duel s'étaient appelés de leurs noms véritables, si surtout, par suite d'une monstrueuse fiction, le *jugement de Dieu* n'avait pas été jeté en pâture aux mauvaises passions des uns, et n'avait pas, sous une forme séduisante, surpris et trompé la religion des autres, jamais bouche royale eût-elle donné l'autorisation d'un combat singulier? Des rois seraient-ils venus assister sans scrupule à d'ignobles spectacles de sang et de mort? Aurait-on vu des parlements commettre la majesté de la justice par des ordonnances de duel en champ clos, et l'Église y prêter la main, et les champions se battre à Paris dans la cour même de l'archevêché? Un pape, Eugène III, consulté à ce sujet, aurait-il répondu : *Utimini consuetudine vestra?* Enfin aurait-on osé, à l'occasion de ces luttes sauvages, adresser au Ciel des prières impies, et la *Missa pro duello* aurait-elle jamais souillé les pages d'un missel?

Pour l'honneur de l'humanité, il faut encore penser que la plupart de ceux qui contribuèrent à propager cet euphémisme blasphémateur n'en sentirent pas la portée. Il semble pourtant que les ménagements dont le duel entoura ses premiers pas dans la carrière, et surtout l'étrangeté du nom sur lequel s'étaya dès son début ce stupide jugement de l'épée, auraient dû tenir en garde l'esprit public. Tout ce qui se produit sous le patronage de la fiction, tout ce qui cherche à vivre de prestige éveille naturellement la défiance et appelle l'examen.

II

Plus tard, ainsi que le caráctère religieux de l'époque où on l'avait adopté, le *jugement de Dieu* vieillit; on abandonna cette dénomination surannée; mais le dictionnaire particulier des duellistes ne s'est pas appauvri pour cela. Le duel, qui affectionne singulièrement l'atténuation de la forme, l'adoucissement de l'expression, le déguisement du fond, le duel, qui n'aime pas qu'on le définisse ce qu'il est, et pour cause, devait, dans l'interêt de sa conservation, songer à remplacer par quelque séduisante étiquette, la meilleure qu'il fût possible de trouver, celle sous l'autorité de laquelle il avait connu de si beaux jours, il s'affubla donc bientôt d'un nouvel euphémisme, pris dans un autre ordre d'idées, mais de la même force que l'ancien ; il s'appela une affaire d'honneur !

Cette très-curieuse imposture, dans un avenir peut-être peu éloigné, paraîtra sans doute aussi une chose incroyable. Cependant, puisqu'il se trouve encore des gens pour l'admettre sur parole avec une naïveté toute primitive; puisque l'empire qu'elle a longtemps exercé à l'aide d'une usurpation si étrange, oppose encore de nos jours une certaine résistance aux assauts de la raison, portons donc la main sur le masque de cette audacieuse figure de mot, et essayons de le lui arracher une bonne fois en démontrant le plus nettement possible si un duel peut jamais avoir rien de commun avec l'honneur, et de quelle complète déception est victime tout esclave de ce préjugé qui, pour ce fait, s'avise de se considérer comme un homme d'honneur.

Le mot *honneur*, dans son acception la plus vraie, la plus vulgaire, dans ce qu'on pourrait du moins appeler sa principale acception, signifie *probité*, *loyauté*. C'est ainsi que l'on dit d'un individu qui fait preuve de beaucoup de délicatesse dans toute affaire d'intérêt, qui met beaucoup de soin et d'exactitude à remplir ses engagements, qu'il a de l'honneur, que c'est un homme d'honneur. On s'en sert aussi pour exprimer la considération qui s'attache à tous ceux qui se distinguent dans le domaine de l'utile, du noble et de l'honnête, dans les arts ou dans les sciences. C'est ainsi que l'on dit d'un homme que tel livre, telle invention, telle découverte, tel tableau, telle statue, tel rôle, telle belle action, telle bonne œuvre lui fait honneur.

Or, avec la meilleure volonté du monde, quel rapport peut-on découvrir entre ces diverses applications consacrées du mot honneur et celle qu'on en a faite au duel ou aux duellistes?

Un homme se bat en duel excité par le désir de venger une injure, d'obtenir, comme on dit, raison, réparation, satisfaction d'un affront, d'un outrage, d'un grief quelconque plus ou moins grave. Il se bat encore excité par la crainte d'être taxé de lâcheté, de paraître manquer de bravoure, ou enfin par le besoin d'imposer le silence sur de fâcheux antécédents, de se faire un nom redoutable et d'en tirer parti. Il n'y a pas d'autres catégories de duellistes.

Dans le premier cas, il est impossible d'apercevoir quelque chose d'honorable dans le sentiment qui anime et fait agir le duelliste. En saine morale, l'esprit de vengeance est une mauvaise passion, comme l'envie, la colère, la haine, comme tant d'autres qui n'ont jamais rien eu à démêler avec l'honneur. Quant à la satisfaction que l'offensé se propose d'obtenir, il n'est pas nécessaire d'avoir recours à une statistique pour comprendre que, dans une occurrence où le ressentiment porte toujours une atteinte plus ou moins profonde à son sang-froid, le résultat du combat lui est funeste au moins aussi fréquemment qu'à l'offenseur. Une fois c'est l'offensé qui tue ou blesse l'offenseur, une autre fois, et le plus souvent, c'est l'offenseur qui, sous forme de réparation, casse un bras ou la tête à l'offensé. Qu'y a-t-il donc d'honorable à braver une pareille alternative, à courir une chance d'une telle extravagance qu'il soit impossible à la déraison humaine d'aller plus loin ?

Mais du moins l'issue de ce combat, quelle qu'elle soit, prouve-t-elle quelque chose? Anciennement on la considérait comme le jugement de Dieu, partant comme parfaitement juste; c'était, pour ainsi dire, moins absurde. Aujourd'hui les duellistes, comme pour échapper au reproche d'absurdité que leur adresse la Raison, disent que l'outrage est lavé, est effacé tant dans le sang de celui qui l'a fait, que dans le sang de celui qui l'a reçu. Mais des sanctions d'une extrême importance manquent à cette sauvage assertion, et la justice, la morale, l'humanité, l'honneur enfin répondent ainsi à cette maxime de cannibale : Le sang répandu dans un duel n'efface rien, ne lave rien; il tache.

Son résultat ne change donc rien à l'état de la question. L'offensé ou l'offenseur succombe; mais que l'un ou l'autre ait été victime d'une manœuvre frauduleuse, d'un abus de confiance quelconque, qu'il ait été calomnié, outragé, atteint, n'importe comment, dans sa considération ou dans ses intérêts, de quelque côté en un mot que soient les torts ou le bon droit, le dénoûment d'un duel ne démontre jamais autre chose si ce n'est que l'habileté de main, la justesse du coup d'œil, la force ou souvent même le hasard ont mieux servi l'un que l'autre.

Qu'a donc à voir l'honneur dans tout cela?

Dans la seconde hypothèse il suffit de se rappeler l'exacte signification du mot *bravoure*, pour se convaincre qu'il n'y en a, qu'il ne peut y en avoir aucune à affronter la mort dans l'espèce de combat dont il s'agit ici, et que l'épithète de brave appliquée à l'individu qui se bat en duel est un autre abus, un autre impudent mensonge dont les gens qui veulent se donner la peine de réfléchir ne sont pas dupes.

Le mot *brave*, dans le sens de courageux, de vaillant, se dit de tout homme affrontant le péril et la mort pour remplir un devoir patrio-tique, pour forcer un passage retranché, pour enlever une redoute, pour défendre le poste qu'on lui a confié, pour donner et laisser un glorieux exemple d'humanité ou de dévouement à son pays. D'Assas, assailli à Clostercamp par une colonne ennemie, et entouré de baïonnettes qui menacent sa poitrine, s'il dit un mot, fait acte de bravoure en criant : A moi, Auvergne ! pour sauver les Français d'une surprise. Désilles, après avoir essayé à Nancy d'arracher les mè-ches des mains des canonniers prêts à tirer sur les troupes de M. de Bouillé, fait acte de bra-voure en se jetant à la bouche d'un canon, pour empêcher l'effusion du sang français.

Desgenettes en Égypte fait acte de bravoure en s'inoculant le virus pestilentiel, pour persuader aux soldats malades qu'ils peuvent guérir, ou pour leur faire croire qu'ils ne sont pas atteints de la peste. Latour-d'Auvergne retournant seul, après un combat meurtrier, sur les glacis d'une place, pour enlever, au milieu d'une grêle de balles, un de ses camarades blessé, se conduit bravement. Augereau se montre brave en se précipitant sur le formidable pont de Lodi, pour faire cesser un moment de dangereuse hésitation, pour décider le mouvement de ses troupes. On dit aussi que c'est un brave d'un homme qui marche avec résolution au devant d'un redoutable malfaiteur dont la carabine le couche en joue, qui se prend corps à corps avec une bête féroce pour arracher une proie humaine à son étreinte, qui se jette dans les flammes pour sauver un vieillard, une femme, un enfant; oui, cela se dit et se dira toujours.

On sent tout de suite ce qu'il y a de défec-
tuéux, de misérable dans le triste courage des
duellistes ; dès qu'on lui fait subir l'humiliation
d'une comparaison avec celui des braves, et
l'on comprend parfaitement la pauvreté de cette
prétention qui veut que la bravoure résulte du
simple mépris de la mort. Voilà en quoi consiste ici toute la supercherie. Elle a procédé
cette fois par voie de suppression ; elle a tronqué
l'acception du mot dans ce qu'il y a de plus im-
portant, et l'a fait prendre dans un sens res-
treint. L'épithète de brave en effet emporte
essentiellement avec elle une idée de patrio-
tisme, de dévouement à autrui, d'intrépidité
secourable pour tous, d'organisation capable
de sacrifier sa vie à la cause commune. Or,
dans les sentiments qui animent le brave, sentiments qui atteignent quelquefois au gran-
diose, à l'héroïsme, au sublime, qu'y a-t-il
de commun avec la mesquine personnalité du

duel ? et quel valeureux soldat, quel homme de cœur un peu intelligent consentirait jamais à rabaisser la nature de son courage au niveau de celui d'un duelliste ?

Une preuve de la dernière évidence que le simple mépris de la vie ne constitue nullement la bravoure, c'est qu'en parlant d'un individu qui s'aventure sur un fleuve dont la superficie glacée est d'une solidité douteuse, ou qui se suspend et se balance sur les profondeurs d'un abîme, ou qui fait un saut périlleux, jamais on ne dira que c'est un brave. Au point de vue des duellistes, ce serait pourtant très-logique, mais on dira seulement que c'est un fou, un étourdi, un écervelé. S'il s'agit d'un suicide, on ne qualifiera pas davantage de brave le malheureux qui s'est donné la mort ; et cependant il a fait plus que de la braver ; il se l'est donnée ; jamais pourtant on n'a dit, jamais on ne sera fondé à dire de celui qui s'ôte la vie que c'est un brave; pourquoi? parce qu'il n'y a dans le suicide, comme dans le duel, comme dans une bravade quelconque, aucun des nobles attributs de la bravoure.

Si l'euphémisme dépouillait souvent les mots de ce que leur signification a de distinctif, d'essentiel, il ne serait pas nécessaire d'en changer la forme pour arriver à la confusion d'une nouvelle tour de Babel. Il y a des nations qui, ayant admis d'abord une définition gravement incomplète du mot brave, en ont fait déchoir l'acception jusqu'à l'appliquer à des brigands avec une impitoyable logique. On a jadis, en France, donné cette épithète à des scélérats déterminés. En Italie on appelle encore *bravo* un coupe-jarret, un misérable qui frappe dans l'ombre et par surprise. Si, en effet, il suffisait, pour mériter la qualification de *brave*, de payer de sa personne, de braver le péril et la mort, on ne voit pas pourquoi cette épithète ne pourrait s'appliquer même à un assassin, qui paye très-bien aussi de sa personne, qui, en commettant un assassinat, court le risque d'être pris et joue sa tête.

Après avoir fait dévier l'épithète de *brave* de son sens véritable, en l'appliquant à l'homme qui se bat en duel, les duellistes, par la déduction logique d'un faux point de départ, ont ensuite appliqué l'épithète de *lâche* à l'homme qui s'y refuse. Cette nouvelle fiction, destinée à étayer le crédit de l'autre, est par conséquent tout aussi insoutenable à l'analyse, et rien ne viendra mieux à l'appui de la démonstration qui précède que la preuve en quelques mots de la disconvenance formelle de ce terme de mépris employé à propos d'un refus de duel.

Lâche se dit de celui qui manque de courage,

ou de celui qui n'a aucun sentiment d'honneur. Jamais un duelliste qui traite de lâche l'homme qui ne veut pas se mesurer avec lui en duel, n'a entendu attaquer ni sa loyauté ni sa probité. Il est trop évident pour tous que parmi les partisans du duel il peut se trouver des fripons, et parmi ceux qui le condamnent de très-honnêtes gens; c'est même ce qui se voit fréquemment. Il ne s'agit donc ici d'apprécier la valeur de cette épithète que dans son application à celui qui manque de courage. Or, aucun des motifs qui peuvent s'opposer à ce qu'on accepte un duel n'en justifie l'emploi.

On peut refuser un combat singulier prémédité :

1° Par suite d'une influence d'esprit de religion; en vue de l'observation des préceptes qui non-seulement défendent le meurtre, mais

qui condamnent d'une manière absolue tout
acte de vengeance et vont jusqu'à prescrire
l'oubli des injures.

2° Par suite d'une invincible répugnance
pour le sang versé ailleurs que sur un champ
de bataille, ou autrement que dans le cas de la
nécessité actuelle d'une légitime défense de
soi-même ou d'autrui.

3° Dans la crainte, en cas de meurtre et alors
même qu'on serait l'offensé, de jeter sur son
passé, une tache de la pire espèce, un de ces
funestes souvenirs qui ne s'effacent pas et qui
gâtent la vie.

4° Enfin par suite de la cruelle pensée, si
l'on succombait, de faire retomber son mal-
heur sur sa famille.

On le voit, l'épithète de lâche que des mi-
sérables ou des sots jettent à la face d'un

homme qui refuse de se battre en duel, est tellement stupide, qu'il y a telles circonstances où cette épithète-lui conviendrait au contraire parfaitement, s'il acceptait le combat.

Mais allons plus loin et abordons l'hypothèse qui sur ce point doit rendre la démonstration complète. Après avoir parlé des cas où la conscience, l'honneur, l'observation de devoirs sacrés, les plus nobles sentiments du cœur humain enfin sont les causes d'un refus de duel, occupons-nous de l'occurrence où un homme refuse de se battre seulement par peur, comme disent les duellistes, c'est-à-dire par crainte de perdre la vie.

L'épithète de lâche dans sa véritable acception, ne peut se dire de celui qui manque de courage, que lorsqu'un acte de résolution de sa part aurait été bon, utile, honorable, avantageux pour lui ou pour autrui. Or le duel, soit comme moyen de réparation, soit comme preuve de bravoure, n'étant jamais qu'un piége perfide, une amère déception, une ressource ridicule et complétement illusoire, que lui reste-t-il à offrir en réalité à celui qui y a recours? Des balles à échanger à quinze ou vingt pas de distance, un coup d'épée à donner ou à recevoir. Dès lors on est aussi peu fondé à traiter de lâche celui qui ne veut pas y jouer sa vie, qu'on le serait à donner cette épithète à celui qui, pendant un orage, ne voudrait pas monter sur la tour d'un clocher par appréhension de la foudre, ou qui, dans la crainte d'une explosion possible, se refuserait à habiter dans le voisinage d'une poudrière, ou qui ne voudrait pas aller s'asseoir sur le bord d'un gouffre crevassé, ni entrer dans une vieille carrière en ruine dans la prévision d'un éboulement. Pourquoi? parce qu'il n'y a jamais eu et qu'il

n'y aura jamais rien d'indigne ou de déshono-
rant à né pas professer le mépris de la vie, à
ne pas vouloir affronter la mort sans compen-
sation aucune ; l'amour de la vie, l'appréhension de la mort étant le partage de tout ce qui
respire, et un vœu constant, une loi éternelle
de la nature ; parce que lâche ne peut se dire
de celui qui manque de courage que lorsque
sa manifestation aurait produit un résultat
d'une utilité quelconque. L'expédient, comme
on le voit, consiste encore ici à escamoter dans
l'application une partie essentielle de l'acception
d'un mot, à en restreindre le sens, si l'on veut.

Dans l'antiquité les combats singuliers étaient
bien réellement des affaires d'honneur ; ils
étaient tous convenus dans une intention diamétralement opposée à celle du duel ; ils avaient
tous pour but d'éviter l'effusion du sang. Chez
les anciens, par conséquent, tout homme ap-

pelé sur le terrain pour y vider une querelle
par la voie du glaive, aurait été justement
considéré comme digne de mépris, s'il avait
refusé de se soumettre à une épreuve de cette
nature ; car il s'agissait là de mettre son courage au service des deux grandes causes du
pays et de l'humanité; le champion désigné
représentait un camp ou un peuple ; il en
était, pour ainsi dire, le mandataire armé ;
et soit qu'il sortît vainqueur de la lutte, soit
qu'il y trouvât la mort, le résultat de cette
lutte glorieuse était de faire tomber les armes
des mains d'une foule de gens prêts à s'en-
tr'égorger. Quand le vieil Horace apprend que
deux de ses fils ont péri dans le combat destiné à mettre fin aux sanglantes discordes d'Albe
et de Rome, on comprend que sa douleur se
taise devant la pensée de leur gloire; qu'il
s'en enorgueillisse, qu'il veuille [illegible]

Que des plus nobles fleurs leur tombe soit couverte.

Quoique la fortune finisse par trahir les Cu-
riace, leur utile dévouement ne jette pas moins
d'éclat sur leur nom, et il n'est pas difficile
d'admettre que l'appréhension de la mort, en
semblable occurrence, eût été une lâcheté.

Des préposés à la garde d'un malheureux
captif, qui, pour ne pas risquer leur vie,
laisseraient des sicaires envahir l'enceinte d'une
prison sans résister, seraient des lâches. On
serait fondé à traiter de lâche le soldat, qui
chargé de faire sauter un pont, après le passage des siens, se retirerait avant d'avoir ac-
compli, au péril de ses jours, l'acte destiné à
arrêter la poursuite de l'ennemi. Cette épithète de mépris pourrait encore s'appliquer à
un militaire qui, ayant sous la main l'occasion
d'enlever un drapeau, la laisserait échapper
dans la crainte d'être tué ; car de cette action
il fût résulté un insigne honneur pour lui ou

pour sa mémoire. Celui qui, dans l'attaque d'une diligence par des malfaiteurs ou dans toute autre périlleuse rencontre, abandonnerait les siens et s'enfuirait, au lieu de les défendre, serait un lâche. Mais quelle lâcheté peut-il y avoir dans le refus d'aventurer ce que l'on considère comme un bien, lorsque du jeu ou du sacrifice même de ce bien il ne peut rien résulter de profitable ni pour soi ni pour autrui? N'est-il pas très-conforme au sens commun que le possesseur d'un objet de prix ne veuille pas s'exposer à le laisser tomber dans la rivière, et ne consente à le risquer qu'en vue d'un avantage quelconque? Or le duel n'a que des résultats négatifs ou déplorables à offrir contre l'enjeu de la vie. Jamais en effet il n'est secourable à personne. Comme moyen de réparation, il ne répond le plus souvent à ceux qui vont plaider leur cause à son tribunal, que par des arrêts de la plus san-

glauta ironie; enfin, quant à son effet moral,
la sourde rumeur qu'il produit un instant ne
ressemble pas le moins du monde au bruit so-
nore, au retentissement d'une action d'éclat,
et l'atteinte qu'il porte à la mémoire de l'offensé ou de l'offenseur, atteinte grave surtout
en cas de meurtre, ne saurait être consciencieu-
sement niée. Que peut-il donc y avoir de blâ-
mable, indépendamment de toute autre considération, à reculer de dégoût devant de telles
conséquences?

D'après les définitions qui précèdent des mots
brave et *lâche*, définitions dont les développe-
ments à l'appui démontrent la parfaite exactitude, il est donc évident que, dans toute espèce d'hypothèse, il n'y a pas plus de bravoure à
figurer dans un duel, qu'il n'y a de lâcheté à
refuser de s'y soumettre. Celui qui, par défaut
d'énergie contre ce qui est mal, par suite d'un

timide respect humain, a la faiblesse d'abdiquer son libre arbitre, de baisser humblement la tête devant cet odieux préjugé, dans le but de montrer de la bravoure ou dans la crainte de paraître en manquer, se trompe donc complétement dans le choix du moyen. Le simple mépris, vrai ou simulé, de la vie ne pouvant jamais rien avoir d'honorable, ni faire des braves de ceux qui le professent ou des lâches de ceux qui ne le professent pas, ce choix est une erreur manifeste, et cette seconde classe de duellistes n'est pas autre chose qu'une catégorie de dupes.

Quant à la troisième, qu'on pourrait fort exactement appeler la catégorie des roués du duel, c'est-à-dire quant à ces duellistes qui, après avoir consacré une grande partie de leur temps à acquérir dans les salles d'escrime ou dans les tirs beaucoup d'adresse, de dextérité

et de justesse de coup d'œil, exploitent ensuite,
à l'aide de la réputation d'habileté qu'ils se sont
faite, la naïveté qui croit à l'honneur du duel,
l'intérêt personnel qu'ils ont toujours eu à
accréditer cette erreur étant évident, il n'y
a pas du tout à s'occuper d'eux avec détail,
chacun sachant très-bien sur quoi repose l'o-
pinion qu'ils feignent de professer en cette
matière. Le point d'honneur, en effet, n'a jamais été le point de vue des duellistes de pro-
fession : ils sont plus positifs, mieux avisés,
d'une nature moins facile à séduire par de
grands mots que les gens qui, par le fait de leur
crédulité, se placent vis-à-vis de ces roués dans
une dépendance de tous les instants. Le duel a
beau s'affubler des fictions les plus propres à
donner le change sur sa valeur réelle, ils savent
très-bien au fond ce qu'il est, ce qu'il signifie :
ils ne croient pas à son efficacité comme moyen
de réparation d'une offense, mais ils y ont beau-

coup de fol comme moyen de se faire redouter, de mettre certains esprits à leur discrétion. Ils connaissent à merveille le parti qu'on peut en tirer. Les uns s'y retranchent pour pouvoir se livrer avec plus d'aplomb et moins de chances d'embarras à l'industrie du dénigrement, de la diffamation ; les autres, pour extorquer des sommes remboursables en coups d'épée ; ceux-ci, pour fermer la bouche à quiconque remarquerait leur adresse à manier les cartes dans les jeux *de société*, et oserait risquer quelques observations déplacées sur le bonheur habituel avec lequel ils interrogent la fortune ; ceux-là enfin, pour servir de répondants à des diffamateurs anonymes. Passons donc sur ces duellistes de la plus triste espèce, dont il n'est question ici que pour n'omettre aucune des particularités capables de discréditer l'odieuse coutume du duel.

En résumé, si l'on met dé côté tout clinquant, tout prestige, tout artifice de langage, si enfin on veut appeler les choses par leurs noms, un duel est alternativement, et selon les circonstances, un acte absurde, une duperie, ou une infâme lâcheté. Dans aucun cas il n'est ce que la profanation d'un noble mot a voulu en faire, une affaire d'honneur : dans tous les cas possibles il est une affaire de sang.

III.

Notre époque, si remarquable par son penchant pour les idées positives, ne pouvait manquer d'apprécier à leur juste valeur toutes les supercheries euphémiques du duel ; aussi ne lui donne-t-on plus le nom d'affaire d'honneur que rarement, et avec une réserve qui tient évidemment de la défiance. On semble craindre, en se servant de cette étrange fiction, d'exciter le sourire et de paraître venir d'un peu loin. Mais les préjugés, même les plus palpables, sont difficiles à déraciner. Peut-être cela tient-il autant à l'esprit de routine qu'à la vanité des hommes, qui n'aiment guère à convenir de leurs erreurs. Le duel, traqué par notre positivisme, se résigne bien à faire quelques concessions, s'il le faut. De même qu'il consentit à n'être plus le jugement de Dieu, quand la raison se révolta contre ce vieux blasphème, il veut bien, si l'opinion se déclare décidément contre son honneur, renoncer à sa plus brillante parure. Il ne s'appellera plus une affaire d'honneur, mais à la condition qu'on lui permettra de se produire encore un peu, le plus longtemps possible, dans le monde, sous un nom plus modeste : il s'appellera *rencontre*.

C'est, en effet, l'euphémisme dont on se sert ordinairement aujourd'hui pour désigner un duel. L'idée d'honneur qu'un audacieux subterfuge avait fait attacher à ce genre de combat, étant devenue trop choquante pour la grande majorité du public, la supercherie euphémique consiste cette fois à confondre deux mots exprimant tous les deux une lutte, mais de nature très-différente, dans le but d'atténuer, dans l'expression du moins, l'une des particularités les plus ignobles du duel, la préméditation.

Pour traquer le duel dans son dernier retranchement, dans sa dernière transformation sans doute, il n'y a donc qu'à démontrer qu'on ne peut le désigner par le mot de *rencontre* qu'à l'aide d'un véritable contre-sens.

Ce mot, en effet, quand il s'agit des personnes, ne se dit jamais que du hasard qui les fait se trouver. On appelle rencontre l'arrivée *fortuite* de deux personnes sur le même point. En termes de guerre, une rencontre se dit, par opposition à bataille rangée, du choc de

deux détachements ou corps de troupes enne-
mies qui se trouvent en face sans se chercher.
C'est ainsi que l'on dit encore d'un combat
singulier que c'est une *rencontre*, précisément
par opposition à *duel*, quand deux individus
se trouvant par hasard face à face, se pren-
nent de querelle et se battent sur-le-champ :
l'imprévu est le caractère distinctif de la rencontre.

Dans le duel, au contraire, le combat est toujours précédé d'un rendez-vous, c'est-à-dire
d'une convention entre les deux adversaires de
se rendre tel jour dans tel lieu, à telle heure,
pour y vider leur querelle par la voie des armes.
Il y a donc, dans ce cas, proposition, réflexion,
propos délibéré, conditions faites et débattues,
dessein formé avant l'action, comme le dit le
Code, d'attenter à la personne d'un individu
déterminé. La préméditation y pousse même

fort loin la prévoyance : un homme qui a pris rendez-vous pour se battre, ne sachant jamais si l'affaire aura une issue pacifique, ou ne voulant pas qu'elle s'arrange, s'occupe ordinairement de longues heures, un jour entier, et plus quelquefois, de tout ce qui pourra en rendre le résultat funeste à son adversaire. A la veille d'une lutte où il s'agit de la vie, et avant de se transporter sur le terrain, il n'est pas rare de voir les futurs champions, l'esprit en proie à l'ignoble préoccupation du meurtre, chercher dans des moyens factices l'aplomb, le sang-froid ou la détermination dont ils craignent de manquer au moment de l'épreuve. Il arrive même, et toujours trop souvent, que l'un des adversaires, ou chacun de son côté, va dans une salle d'escrime, si l'on est convenu d'un duel à l'épée, pour y *dérouiller les ressorts*, pour y répéter *un bon coup*, pour *s'assurer la main*, pour *se la faire* ; ou dans un tir, s'il est question d'un duel au pistolet, pour donner à son coup d'œil *une certaine justesse*, pour s'y exercer *à casser la poupée.*

Il suit de ces tristes détails, dont tous les duels offrent la réunion plus ou moins complète, que rien ne convient moins que le mot de *rencontre* à une affaire de cette nature, où la préméditation précède nécessairement toujours le combat. Mais le duel, depuis des siècles, n'a vécu que de déguisement, de subtilités et d'erreurs. Ne pouvant guère plus se donner pour une action honorable, il cherche à atténuer du moins ce qu'il a de plus odieux ; il a recours à la confusion ; il se jette dans le contre-sens ; enfin il demande qu'on le tolère comme ayant un air de famille, non avec les crimes et délits excusables, ce qui le rendrait passible d'une peine, mais bien avec quelqu'un des cas non qualifiés crimes ni délits, avec ceux prévus par l'article

328 du Code pénal, par exemple, avec les bles-
sures ou l'homicide commandés par la nécessité
actuelle de la défense légitime de soi-même.

Sous Louis XIV surtout, comme on sait, la
législation sur le duel fut d'une rigueur sans
bornes. Les gens qui avaient seulement porté
un appel ou conduit au lieu du combat en con-
naissance de cause, étaient marqués la première
fois, et envoyés, la seconde, aux galères per-
pétuelles. Les spectateurs du combat, qui s'y
étaient rendus exprès, étaient privés pour toujours de leurs charges, dignités ou pensions, et
s'ils n'en avaient pas, on devait prononcer la
confiscation ou l'amende du quart de leurs biens.
Enfin le crime de duel, qui ne se prescrivait
par aucun laps de temps, et dont la simple ac-
cusation faisait revivre toute autre espèce de
crime précédent commis par l'accusé, quoique
prescrit, entraînait la peine de mort sans ré-

mission, la dégradation de noblesse et la confiscation des biens des combattants au profit des
hospices ou des parents de ceux qui avaient été
tués. Les armes des gentilshommes devaient de
plus être noircies et brisées par la main du
bourreau, sans que jamais leurs successeurs
pussent les reprendre. Cette législation, quelque
barbare qu'elle fût, n'était pas plus entachée de
déraison que ne le serait une jurisprudence qui,
se fondant sur l'absence matérielle d'un mot
dans nos lois pénales, donnerait, en s'abste-
nant, une sorte de crédit à ce nouveau déguisement, le dernier sans doute, par lequel le duel
essaye de s'assimiler à la rencontre, dans le but
évident d'atténuer l'odieux de la préméditation
qui le gêne.

Les rangs des partisans du duel, l'humanité
peut s'en féliciter, s'éclaircissent de jour en
jour. Ce triste préjugé, traduit à la barre de

l'opinion, dépouillé de toute forme menteuse, de tout artifice de langage, avec son cortége de barbarie, d'extravagance, de ridicule et d'absurdité, malgré la longueur de la carrière où il a laissé ses empreintes de sang, ne peut se promettre encore beaucoup d'avenir. Les plus mauvaises inventions, la torture, la marque, et autres usages barbares, ont eu aussi leurs siècles d'existence; le cri de la conscience publique a fini par les faire disparaître de nos mœurs. La même destinée, sans aucun doute, est réservée au duel. Mais en présence des conflits élevés par les tribunaux sur cette matière, et dans un intérêt de morale et d'humanité, le législateur n'a-t-il pas une lacune à remplir? L'un des principaux organes de la presse rapportait dernièrement qu'un rédacteur du Code pénal, prié d'expliquer pourquoi le duel n'y était pas nominativement désigné, répondit : « Nous n'avons pas voulu lui faire l'honneur de le nommer. »

Si ce mot est exact, n'y a-t-il pas dans l'omis-
sion volontaire de ces criminalistes quelque
chose de trop dédaigneux? L'expérience sem-
blerait le démontrer.

Quant à la pénalité dont l'une des tendances
naturelles est de réprimer les actes pouvant
donner lieu à des duels, tels que la diffamation,
la calomnie, les injures, les coups, etc., n'y
a-t-il pas un certain défaut de sévérité dans le
Code pénal, d'une physionomie pourtant si dra-
conienne en général? Nous sommes loin, sans
doute, de ces époques où, en s'abordant le ma-
tin, les oisifs et les sots se demandaient plus ou
moins agréablement qui est-ce qui s'était battu
la veille, et où le désir d'arrêter la fureur des
duels faisait infliger six mois de prison à une
épithète injurieuse, deux ans à un démenti ou
à une menace de coups, enfin la dégradation et
quinze ans de prison à un coup quelconque;

mais les peines qui s'appliquent de nos jours à ces actes, ne sont-elles pas trop en deçà du but que le législateur a dû se proposer, et ne serait-ce pas contribuer à l'adoucissement des mœurs que d'ouvrir des voies légales plus larges à la réparation légitime d'un outrage?

Ensuite, pour hâter la ruine de cette opiniâtre fascination à l'aide de laquelle, d'artifice en artifice, le duel est arrivé jusqu'à nous, n'y aurait-il pas à faire quelque chose de mieux que ce qui fut tenté, au dix-septième siècle, par une association de gentilshommes de plusieurs provinces de France?

En 1651, un acte portant déclaration et engagement solennel de ne jamais provoquer ni accepter aucun duel, pour quelque cause que ce fût, sans pourtant renoncer au droit de repousser un outrage par toutes les voies légitimes, fut signé par un nombre considérable d'hommes d'une valeur réelle, en tête desquels se trouvaient le maréchal Fabert, le prince de Conti et le marquis de Fénélon. Cette manifestation publique de mépris pour la sauvage et absurde coutume des combats singuliers prémédités, fut autorisée et enregistrée par le tribunal des maréchaux de France.

La pensée qui présida à cet engagement était noble et digne de porter ses fruits; mais elle ne s'était pas assez pénétrée de cet esprit d'association qui prépare et assure le succès d'une entreprise. Ensuite l'association elle-même manquait d'avenir et, pour ainsi dire, de drapeau. Il est regrettable qu'une tête couronnée, Louis XIV par exemple, cet ardent ennemi du duel, n'ait pas eu l'idée de faire de cet essai une application plus générale, plus puissante

et surtout plus stable, un moyen d'influence
morale qui ne pût tomber en désuétude qu'avec
l'usage à la ruine duquel il attachait tant de
prix. Pourquoi, au lieu de concentrer toute
son attention sur les châtiments à infliger aux
duellistes, ce prince ne songea-t-il pas, comme
moyen préventif d'un concours très-efficace, à
prescrire à tout chevalier de l'ordre militaire
de Saint-Louis, le serment de ne jamais salir
sa décoration dans un combat singulier prémédité? Comment Louis XV, si désireux aussi
d'en finir avec une coutume honteuse pour la
civilisation, et qui, lors de son sacre, jurait
de n'accorder dans aucun cas, ni à aucune in-
tercession, aucune grâce à quiconque se rendrait coupable du crime de duel, n'eut-il pas
aussi la pensée de faire prendre cet engagement
à tout membre de cette compagnie, qui était
alors en grande considération? Les préoccupa-
tions de l'empire, l'entraînement irrésistible de

cette époque d'agitation universelle empêchè-
rent peut-être Napoléon de songer à porter un
coup décisif à ce dégradant préjugé (1). Quel service éminent ce souverain pouvait rendre en
cette matière à la plus sainte des causes ! La
gloire d'une belle action rayonne d'un éclat
moins vif sans doute, mais plus pur que la
gloire des conquêtes, et un grand acte d'humanité est toujours un magnifique fleuron à
attacher à la couronne d'un roi. Si le fondateur
de la Légion d'honneur avait exigé de tout
membre de cet ordre si considérable et si considéré, le serment de ne jamais compromettre
dans l'ignoble épreuve du duel le signe distinctif du mérite et de la bravoure, cet engagement, pris par un nombre imposant d'hommes
d'élite, de gens d'esprit et de cœur. venant en
aide aux lois et aux louables efforts des mora-

(1) On sait que Napoléon professait un très-grand mépris
pour le duel.

listes pour effacer de nos mœurs l'usage odieux des combats singuliers prémédités, eût été d'une immense portée, et cette stupide et barbare coutume, réduite à sa juste valeur, serait aujourd'hui complétement passée chez nous, et peut-être ailleurs, à l'état d'histoire ancienne.

FIN.